그리운 이름

한국시학 시인선 023

그리운 이름

한국시학 시인선 023

초판 발행 | 2019년 12월 20일

지 은 이 이숙아
펴 낸 이 김광기
편집주간 박현솔
펴 낸 곳 문학과 사람 Literature and Human
출판등록 2016. 7. 22. 제2016-9호
주 소 경기도 시흥시 하상로 36 금호타운 301-203
서울시 마포구 성미산로 1길 30, 2층
대표전화 031) 253-2575
homepage http://cafe.daum.net/yadan21
E_mail keeps@naver.com

ISBN 978-89-89265-05-4 03810

값 10,000원

* 이 도서의 국립중앙도서관 출판예정도서목록(CIP)은 서지정보유통지원시스템 홈페이지(http://seoji.nl.go.kr)와 국가자료종합목록 구축시스템(http://kolis-net.nl.go.kr)에서 이용하실 수 있습니다. (CIP제어번호 : CIP2019049956)

* '문학과 사람'은 1998년 등록된 도서출판 'AJ(에이제이)'와 연계됩니다.

그리운 이름

이숙아 시집

*본문에서 페이지가 바뀌며 연 구분이 있을 때에는 〈 표기를 한다.

■ 시인의 말

'해랑' 어린이집 앞, 노란 국화가 향기로운 날
시집 한 권을 선물 받았습니다.
여느 때와는 다른 느낌의 시집입니다.

많이 부끄럽지만 첫 시집 앞에 설렙니다.
나도 시집을 선물로 드릴 수 있으니까요.

어릴 때 자랐던 고향의 정서와
일상의 시간들이 詩가 되고 삶이 되었습니다.

첫 시집 출간의 기쁨을 선물로 주신
하나님께 감사드리고
가족, 이웃, 이끌어주시는 선생님께
사랑하는 마음을 올립니다.
그리고 가까이에서 지지해준 은미, 요안나 선생님께
고마움을 전합니다.

'호리티우스'의 시 한 구절을 생각하며
현재의 삶을 즐기며 삽니다.
더 나은 내일을 완성하기 위해서입니다.

지금도 열심히 살고 있는 나에게
"넌 정말 소중해"라고 말해주고 싶습니다.

2019년 12월, 이숙아

■ 차 례

1부

2부

3부

4부

1부

고향 첫눈

엄마가 깨우는 소리에
아침이 열렸다
하얗게 하얗게

장독대,울타리
지붕위, 넓은 마당
대숲에도
살포시 얹혀 있는 첫눈

동생도
강아지도
눈비비며 깨어난 아침

고요하게 맑은 영혼이 되었다가
마음 설레는
어릴 적
고향 첫눈은
언제나 간밤에 내렸다.

콩 타작

앞마당에서
도리깨질로
콩 타작 하시는
아버지의 손

키질하며
쭉정이 날리는
엄마의 머리수건에
검불이 수북하다

여기저기 흩어진
노란 콩알들 주워 담고
마당 귀퉁이 돌면
울타리 아래
자리잡은
장독대가 평화로운데

된장 고추장 담긴
항아리 주변에

붉게 핀 맨드라미
가을볕에 눈부시다

붉은해
커다랗게
앞산 넘어 갈 즈음
피어오르는 굴뚝 연기

콩 타작 끝낸 식구들
오순도순 둘러 앉아
꿀 보다 맛있는 밥을 먹는다

그리운 이름

엄마는
소쿠리와 채반
머리에 가득 이고
자식들 가슴에 담았을까

책가방 든
딸의 옷깃 만져주고서
아버지는
저만치 앞서서 성큼성큼 걸어 가셨다

재 넘어 산기슭에서
산죽 베어 한짐 짊어지고 오신
아버지가 낫질로 가늘게
한올 한올 엮어 만든
소쿠리와 채반

예쁜 소쿠리 팔러
담양장에 다니셨던
울 엄마는

금촌댁 오복례

나이들수록
더욱 보고 싶다

명성산 억새꽃

그대 만날 설레임에
힘든 오름에도
발걸음 총총하다

높은 산 위
드넓은 곳에서 만난 그대
소곤소곤
가을 이야기 나누고

은빛들의 축제에
함께 흔들리자
함께 춤을 추자

찬란함은 너
찬란함은 나

또 다시
가을 이야기 가득 담았다.

예쁜 도희

세 살 도희가
노랗고 빨간 감나무 잎 한 개를
씨익 수줍은 웃음 지으며 건네준다.

사랑도 담고
가을도 담은
예쁜 도희

도희가 가을이다.

그리운 화성

화성행궁으로 나들이 가던 날
수원 이야기 속에서
정겹던 별님반들이
툭 튀어 나오며 설레인다.

눈부신 햇살과
색색의 가을 옷 입은
나뭇잎과 친구되어 뛰어 다니던
별님반 친구들
아이들을 담는
사진사의 노련함이 생생하다.

그림을 잘 그렸던 지후
착한 세진이
춤을 잘 추었던 성훈이
말괄량이 예람이
예민했던 소미
느긋한 진성이
웃음 건네준 우철이

야무진 성민이

화성에서 함께 했던
별님반 친구들이
아직도 사랑담은 채
사진 속에 있다.

태이는 지휘자

돌멩이 위에 태이가 올라섰다.
고개를 약간 올리고
두 손을 흔들흔들

다람쥐와 떡갈나무
구절초와 개망초가
모두 합창단원

눈을 지그시 감은
태이는
자연과 어우러진
멋진 지휘자.

한 살 연후

연후는 떼쟁이

신발 들고 엥
쪽쪽이 들고 엥
기저귀 들고 엥

연후는 떼쟁이

고향

아버지의 할아버지 묘지에
노오란 국화가 향기롭다.

훤히 내려다보이는
동네를 다 담은 호수에
수몰되어 떠난 사람들
이승을 떠난 사람들의 그리움이
묵묵히 담겨 있다.

조용한 호수에
눈부시게 내려 앉는
가을 햇살
젊은 조카들과 아들에게 비추인다.

언제 담양호가 생긴 거지?

초딩일 때
누룽지 얻으러
친구들과 먼지 나는 길을

수없이 갔었는데

호수에 지나간 일들이 비추이고
대숲 사이로
가을바람이 불어온다.

그리운 나의 고향에는
엄마가
아빠가
아버지의 할아버지 냄새가 묻어 있다.

겨울 숲에서

작은나무 큰나무 사이로 하늘이 열려
따뜻함을 쏟아 주는 햇살은
찬란한 축복

꽃도 푸르름도 열매도 다 내려 놓으면
하얀 눈이 사랑으로 덮어 주고
얼음꽃은
더 큰 선물

마른 나뭇가지 주워
낙엽 흐트려 겨울의 냄새 느껴 보고
땅속에서 소곤소곤대는
생명의 소리에 귀 기울이면
도토리 형제들이 사랑하며 숨쉬며
새봄을 기다리고 있다

길가의 질경이

얼마나 센가 내기 하며
끊어지지 않게 숨죽여 살살
그리고
툭 낚아 채기 했었지

아슬아슬
꺾여버리고
잘도 버티기 했던 질경이

지금도
추억 속 친구들
내 곁에 있다.

돌나물

잿등밭 바위틈
연초록 입은
돌나물 모여
향기 뽐내면

소쿠리에 담긴 돌나물
울엄마
새콤달콤 무치셨다

텃밭 산자락
싱그런 돌나물
이젠 내가
식탁에 올려야지

울 아들
봄이 오는 소리 들을거야
봄 이야기 가득할거야

부활의 아침

짹짹
새들의 속삭임은
하나님이 들려주는 희망의 노래

창문 열면 햇살 눈부시고
가시면류관으로 은총받은 나
어떤 시로 찬양드릴까

확 트인 수리산 자락에
주님 십자가 사랑 그려 넣고
부활절 아침을 연다

고향 2

용면 초등학교는
할아버지 누워계신 모습을 지닌
추월산 자락 아래 있다

대장질 하던 주호
공부 잘한 준식이와 운열이
예뻤던 연자
놀이 멤버 옥경이
착한 삼만리 가시내들
울 동네 순옥이와 현숙이 ,민식이, 준규
깔깔깔 웃음소리 들려온다.

늙은 벚나무
꽃비 내려 축복하고
분홍 진달래 피어난 산자락은 놀이동산
호미들어 잡초 뽑고
개울가 소풍 다녀 오고 봄이 오갔다

넓다란 빵
할머니 드린다고 가방에 담아 가면

도림리 머시매들 빼앗아 달아나고
뙤약볕 거머리 막대기에 올려 놀이할 때
들녘에서 일하시던 어르신들 모습 아련하다
개울 건너 복숭아밭 달달했던 그맛을 어찌 잊을까

코스모스 피어난 언덕
옥수수대 쭈욱 빨고 뱉고
동생 돌보느라 바빴던 화순이는
흙담장 올라 숨죽이며 자두 서리할 때
망을 보았다

논두렁으로 내려오는
비닐포대 눈썰매타고
소죽 끓인 군불에 시린 손 녹이며
겨울은 깊어갔다

논두렁에서 미꾸라지 잡던
간지럼이 지금도 느껴지는
나의 고향 용면
살아서 지금도 꿈틀거린다.

2부

5월의 교정

자!
오월의 싱그럼을 느껴요
그리고 시를 써요

선생님 뭘 써요?

자유롭게 쓰세요
느끼는대로 담아요

끄적이고 끄적이며
시간이 자꾸 간다

푸름과 닮은 친구들과
종알종알

아! 좋아라

떡갈나무가 서있는
동산에서
서로가 시가 되어
사랑을 채운다

해랑의 별

꿈을 실은 해랑별이 달린다

수현이 별은 소방차
하민이 별은 기차운전사
승현이 별은 빠방
태이 별은 경찰차

환한 웃음 꺼내 놓으며
사랑 싣고 부릉부릉

꿈을 실은 해랑별이 달린다

수빈이 꽃

꽃
꽃
수빈이가 들어서며
진분홍 패랭이꽃을 내민다

오늘도
해랑꽃이 피어나며
쑥쑥 자라는 오월

나도 슬그머니 꽃이 되어본다

숲속

숲속은 놀이동산
흔들리는 나뭇잎 타고 훨훨
멋드러진 자태에
하하 호호 웃음 던지며
일상의 바쁨을 내려놓게 되지요

숲속은 보물창고
나무와 돌멩이 흐르는 물들도
각자의 비밀이 담겨있고
꿈을 담아 기도하여
나만의 보물을 갖게 되지요

숲속은 쉼터
산허리 돌아 꼭대기에 오르면
내 맘 풀어내게하고
다독여 주면
가슴 뻥 뚫리는 소리
위로의 선물도 안겨주지요

여행

느티나무로 서 계신
선생님
나무 아래 쉬라고 합니다.

바쁜 일상 내려 놓고
시가 있는 그곳
수원으로 달려가지요.

삶의 이야기 꺼내면
모두가 멋드러진 초록잎으로
물든답니다.

홍콩 야경 내려다보며
수원의 아카데미 식구들 생각하면
마음이 따뜻해집니다.

행복

사랑 받고 자란
이숙아

하나님 은혜로
준혁이와 준희를 만나고

해랑 아이들과 꿈꾸며
이웃과 어울리며
행복하게 삽니다.

구름 이야기

애들아 코끼리 보이니 저기 말이야
사자도 토끼도 할아버지도 있네
어릴 적 구름은 친구였다

여름수련회
도란도란 이야기 나누다가
화학산 자락 넘나드는
하트구름을 보았다
저기 하트 보이나요?
천사들을 풀어 놓아
사랑을 그려내고 있네요

구름

천사구름이 여행하면서
선물을 주고 간다

맛있는 솜사탕과
예쁜 공주님들,
하얀 나비들 모여
나풀나풀 춤추며
무도회가 열린다

천사구름은 지금도
선물 가득 담아
여행을 떠난다

코스모스

가을은 가을은 코스모스
살랑살랑
가을 냄새가 와 닿는다

눈부신 가을 햇살에
쏘옥 얼굴 내밀며
여기로 들어오세요
환하게 속삭이면

나도 덩달아
흔들흔들
가을이야기로 물든다

가을은 가을은
코스모스
살랑살랑 가을소리가 들려온다.

가을 산

노오란 단풍
다람쥐와 그네 타며
가을이 왔다고 한다

빨간 단풍과 눈 마주치면
가을이 깊이 들어오고
난 무슨 색을 입을까

툭툭 도토리가 들려주는 말
다 예쁘니까
네 맘대로 하렴

수줍고 깊이 있는
감색으로 물들고
가을산은
더 예뻐졌다

어여쁜 동생

공주 드레스를 입은
예진이 생일날

초승달 눈으로
태이가
와 이쁘다 와 이쁘다

예진이도
입을 다물지 못하고
싱글벙글

이렇게 말해 주는 거다
이렇게 보여 주는 거다

가을햇살

눈부신 가을햇살,
베란다에 앉아 있는
수지에게로 왔다

햇살 받은 수지가
환한 얼굴로 덥석 안기면
한꺼번에 가을이
내게로 들어온다

텃밭

씨 뿌리고
오랜만에 텃밭에 가니

무가 쏘옥 얼굴 내밀며
반긴다

어머나 어머나
신기해라

나도 무처럼
기쁨이 되어야지

고향친구들

25인승 버스 타고
고향소식 담아 온 친구들
도담 삼봉에서 만났다

구슬玉에 점을 놓쳐
王기 이름 가진 내 친구
왕기야 크게 부르니
먼저 도착했능가
환하게 웃는다

가을햇살 내려 앉은 장외나루 잔디밭
동그렇게 모여
손잡고 빙빙돌아
다섯명, 세명 모이고
숙자는 엉덩이로 이름 쓰며 하하 호호
수건돌리기 할때
맘이 하나 되었다

단양에서 담아온

깊이 물든 가을이
담양으로
안양으로 퍼져 나간다

가을나들이

동물원 간다고
신이 난 하민이

어쩌지
미세먼지로 못가게 되었네

하민이 코는 미세먼지
안 들어와요

미세먼지 요놈
혼내주니까

하민이 마음
풀렸어요

가을비

가을이 왔다

노란 은행잎 우수수
노란길 만들고
충훈부 동네
가을이 물든다

빨간 우산
영란이와 나란히 쓰고
지인 개업 날 저녁
가을비가 주룩주룩

가을을 몇 번
함께한 거지

가을이 가고 있다

가을찻집

시가 있는 도예촌의 찻집
연한 커피 마시며
가을 이야기 한다

쑥부쟁이에 호랑나비 앉아 있다며
사진 찍어 보낸 친구에게
호랑나비 가을에도 바쁘네

해설사로 있는 가사문학관에
가을 시낭송 열린다며
놀러오란다

이 가을 가기 전
남도로 떠나볼까
사랑스런 경숙이 맘 열렸다

설매 할머니

구십세 설매 할머니
우리동네 이사오셨다

오메 어째 그리 잘하요
오메 어찌 이리 이뻐요

달리도섬에서 담아온 사랑
다 내어 주신다

설매 할머니 마음
예수님 마음.

새해

주황 빛깔로 찬란하게
해가 떠올라
해 품에 안기니
환희로 가득찹니다

비를 만난 후
무지개 걸쳐있고
하나님이 내어준 선물로
사랑의 시어가 열립니다

지중해 풍경 담으며
저녁해 만나고
맘마미아 맘마미아
여행자 여유로 흥얼흥얼

어릴 적 친구들
새해 첫날 함께 하며
사랑을 노래합니다
희망을 노래합니다

희망

하나님 부르심에 달려가
찬양을 드려요

하나님 부르심에 달려가니
은혜로 채우네요

하나님 사랑으로 달려가면
희망을 선물 받아요

평강은 덤이지요

3부

봄이 오는 까닭은

소복히 쌓인 눈위에
노랑 병아리꽃
친구들의 봄이 날아온다

설레임으로
희망의 소리 담으면
연두빛 봄이 들어온다

봄이 오는 까닭은
사람들이 새싹을
그리워하기 때문이다

우수 무렵
가랑비 내리면서
어느새 봄이 되었다

창밖 풍경

겨울눈
그치고
비가 내렸다

매화 나뭇가지 끝에
봄이
대롱대롱 달렸다

나뭇가지 끝에
달려 있는
영롱한
봄을 보았다.

낙서

햇볕 눈부신날 오후
빼곰이 집 나와
경희네 파랑 양철문
열어 젖히면

모여 있는 친구들
궁시렁
궁시렁
양철문에
담벼락에
조그맣게 씌여진 낙서

친구들도
나도
씩씩거린다
봄이 왔는데
어쩌지
까맣게 더 까맣게 그렸다

섬

바닷길 따라 피어난 노란 수선화와
돌담에 휘감은 담쟁이넝쿨 사이로
한 무더기 달래가
봄의 손님에게 인사한다

화살모양 닮은 섬에서
놋그릇에 담긴 고구마전분으로 만든
팥죽 한 그릇
온살이로 이어지며
얼어붙은 마음 녹아 내린다

산에 오르는 길목
쑥 뜯어 봄내음 들이키고
시누대가 바닷바람에 실려 사각사각 노래하며
화목이는 염소떼와 함께
산비탈 들녘을 가로 지른다

역사가 깃든
손죽도의 숨결을 느껴보며
교회 짝꿍 재순이와
훗날의 봄을 그려본다.

나무 이야기

영순이랑
봄 만나러 산책하던 길
도서관 뒷자락
산수유 나무가 손짓한다

햇살과 윙크하고
새순 움트고
봄비 맞고
몸을 흔들었나,
봄이
산수유나무에 와 있다

노오란 산수유 톡 터질 듯
눈부시고
봄 내음 들이키고
내려가는 발걸음
참
가볍다.

반월호수

3월의 분주함
두터운 겨울옷
해결해야할 과제들
훌 벗어 던지고
산책로를 따라 걷는 반월호수에
눈이 시리도록 햇살이 반짝거린다

흙이 그리워 뚝방위 올라서면
작은 쑥들이 호수와 등지고
양지바른 너른 들판을 향해있다.
쑥 캐는 아줌마들
'언니 이리로 와 여기도 많아'
다정도 하다

시멘트공장이 저만치 있지만
아직은 도시냄새가 닿지 않는
시골 내음이 있는 여기에
어릴 적 들판에서 쑥 캐는 어린 내가
호수를 바라보며 함께 있다

신록

연한 녹색이 된
초록 나무
올라 앉아 숨을 크게 들여 마셨다
마음을 씻어주는 푸르름

부지런히 부지런히
가져다주니까
초록색으로 물들었다

고향 3

녹음기 들고
단발머리 들었던 그때
수북면 동네 마실갔다

끝물 빠알간 못생긴 딸기
흙 털어내며
대여섯 친구들 함께
달콤새콤 딸기맛에 취했다

정치도 경제도 미래계획도
도무지 알지 못한
덤벙대던 시골 가시내였다

광주사태
끓어오르는 아픔 안고
20대 시작한 서울 도시는
최루탄과 지하철공사
그리고 어둠의 긴 터널속
〈

생명 품은 그때 5월이
터널을 나와 지금의 봄을 낳았다
tv에서 택시운전사 보며
아들에게 말했다

철없던 엄마 녹음기 들고 시골길 걸었어
대답이 없다.

충훈부 벚꽃길

노오란 개나리 꽃
개천길 따라 흐드러지게 피어난
충훈부 벚꽃이
꽃비되어 싱그런 봄바람 타고 날아간다

산책나온 아이들
뛰어다니며
널려 있는 봄을 잡는다

첫해 가느다란
벚꽃나무 심었던
그해 동장님이 생각난다
나들이 오시면 만날 수 있을까?

아이가 하는 말

아이들과 산책하다가
어머나
진달래가 졌네

다섯 살 아이가 하는 말
큰소리로
와!
개나리가 이겼다

봄 이야기 하다
함께
봄이 되어 웃었다

감나무 밭

감나무 아래 큰바위 올라 앉아
돌멩이 주워 솥단지 올리고
풀잎 꽃잎 찧어 요리했다

심심할 때
감나무 위에 올라앉아
엄마를 바라본다

엄마는 저만치
밭두렁에서 호미질
끝나지 않는 들일
해 넘어갈 즈음

가지, 오이, 고추 담고
밭이랑길 따라
훌쩍 훌쩍 뛰면서 걸었던
여름밭을 보면
언제나 엄마가 일하고 계신다

광교호반에서

물빛 푸른
광교호반
봄날을
스마트폰에 담아본다

나무들의
싱그런 몸짓
달콤한
벚꽃향기

연두빛
봄바람에
양자 교수님
윤정이
추억으로 물든다

고향 들녘

머시매 자전거 뒤에 타고
시골길 달리던 그날은
보리가 연하게 올라온
바람 부는 봄날이었다
까맣게 태운 논두렁 사이를 걸었던
열 일곱 살의 고향
봄 들녘 내음

바람결에 실려 오는
보리도
풀도
나도
머시매도
푸릇푸릇 했었다.

4부

텃밭

볕이 있던 텃밭에
돌풍과 우박 굵은 빗줄기가
쏟아져 내렸다

봉순언니는
퇴비를 뿌리고 고랑을 내고
비닐끝을 흙으로 덮어 주었다

삽으로 구덩이를 파
이름표를 단 텃밭에
가지,고추,,토마토,
주렁주렁 열리고
상추,깻잎,감자꽃도 피어나며
옹기종기 모여 있는
땅속 감자를 상상한다

아이들 행복을
열어줄 텃밭에
다시 햇살이 찾아왔다

울음

김대규 시인의
"간추린 자서전"을 읽고
울었다

시인처럼
실컷
울음은 나오지 않았지만
목이 아파오며 울컥 했다.

더 많이 많이
부끄러웠다

축제 속으로

파스텔 봄으로 피어난
수국마을에
보드란 빛으로
마음 열어 젖히고
무도회가 열린다

어떤 옷을 입고
함께 하지?

삼행시

이처럼 좋은 사람 만나면
숙성해지지
아름다운 세상 아닌가!

강한 듯 유하신
희동 시인님
동적으로 세상 밝히네

고 김대규 시인 시비
제막식 날
시인을 추모하며 삼행시 오갔다

따뜻하게 품어주신
선생님 사랑도
가득 채워졌다

꽃 친구

상상한대로 기대한대로
녹음 짙은 부푼 봄날
수줍은 작은 꽃
친구되어 함께 하네

벚나무

교회 뜰앞
벚나무 심고
아버지와 사진 찍었다

작은 벚나무 훌쩍 자라
껴안으면
손이 닿을 듯 말 듯
큰 나무 되어 있다

환하게 피어난
아버지의 나무
우뚝 서서
동네를 환하게 밝힌다

말없이 바라보시던 벚나무
아버지 향해 하늘 향해
그리움 되어 향기 퍼진다

숲길

산딸기 익어가는
초록들의 숲에 들어서면
잔잔한 바람이 불어옵니다

소나무 잣나무 사이로
온갖 나무들 끝없이 이어지고
숲이 들려 주는 소리 들으면
세상의 욕심 훌훌
걷는 발걸음 가벼워 집니다

싱그런 숲길에서
나뭇가지 주워
넉넉해진 마음소리 그리면
숲이 따뜻함으로 흔들립니다

비온 뒤

산자락 덮은 구름
요술그림 그리고
은은한 노오란 꽃
풀잎의 푸름과 어울리다
기차 지날 때는
온몸으로 나부낀다

삶의 터전으로
달리는 사람들에게
희망 담아주는
구름 걷이는 비온 뒤 아침
철길 따라 피어난 노오란 꽃
빛을 발하며 흔들린다

내 친구

여중시절
함께 했던 은숙이

사위 봤다며
우리도 늙었재
문자 날아왔다

네 이름만 보면
항상 웃음 나고 즐겁다고
해서 더 그립단다

나도 그렇다
이름만 떠올려도
단발머리 십대가 되어 두근거린다.

청매실

청매실
항아리에 담긴다

다소곳 있다가
예쁜 빛깔
매실청된다

바다에 와서

해안 길 따라 걷는 산책길
뙤약볕으로 달군 여름이 밀려온다

밀고 당기며 찰싹거리는
여름바다
어서 들어오라 파도소리
더 크게 들려준다

발 담그다 온몸 맡기며
또르르 웃음 담고
마음도 토닥여주는 여름바다

새로운 추억을 담는다

구월의 노래

아파트 숲으로 나왔다

강아지풀 바람 되어 춤추고
홀로 아리랑을 부르며
풀숲 벌레들과
화음 맞추어본다

가을 달님아
진실을 비춰주렴

달님 따라 걸어가니
가을이 오고 있다

자작나무 숲

자작자작 타는 소리 들리려나

숲에 들어서면
나란 나란 하늘 향해
키다리 자작나무들
숲을 다 채웠다

자작나무들
하얀빛으로 서서
속삭이며
만지라한다

타들어가는 지친 영혼
다시 살아나
자작나무로 기대면

자작자작
가을소리 들려준다

과수원

와매 마을
건너편 야산에
복숭아밭

원두막에서
과수원 주인이 내어준
벌레 먹은 맛배기 복숭아
한입 베면
과즙이 주루룩

복숭아 나무들이
그늘 내어주고
여름을 식혀준다

바구니에
분홍빛깔 복숭아 담아
허리자락에 끼고
뜨거운 여름 담아

저수지 언덕길 내려오는 길

달콤한 여름을 먹는다

■□ 해설

순박한 동심과 향수, 서정의 꽃밭

임병호(시인. 한국시학 발행인)

1. 영원히 그리운 이름 '어머니'

{시는 동심에서 나온다는 말도 있다. 어린 아이의 마음이나 어린이와 같은 순진한 마음으로 자연을 보고 세상을 보면 아름답지 않은 대상이 없다. 어린 아이처럼 순진무구한 생각으로 글을 쓰면 가슴이 행복해진다.

이숙아 씨의 작품은 거의 동시풍이다. 응모 작품이 30여 편이면 그동안 습작을 많이 하였음을 말해 준다. 자신의 추억 특히 고향 집, 부모와 고향 사람들, 고향 산천을 그리워하는 작품, 유치원, 어린이집 아이들을 그린 동시들도 많다.

"세 살 도희가 / 노랗고 빨간 감나무 잎 한 개를 / 씨익 수줍은 웃음을 지으며 건네준다 // 사랑도 담고 / 가을도 담은 / 예쁜 도희 // 도희가 가을이다" –「예쁜 도희」

"돌멩이 위에 태이가 올라섰다 / 고개를 약간 올리고 / 두 손을 흔들흔들 // 다람쥐와 떡갈나무 / 구절초와 개망초가 모두 합창단원 // 눈을 지그시 감은 / 태이는 / 자연과 어우러진 / 멋진 지휘자" –「태이는 지휘자」

"꽃 / 꽃 / 수빈이가 들어서며 / 진분홍 패랭이꽃을 내민다 // 오늘도 / 해랑꽃이 피어나며 / 쑥쑥 자라는 오월 // 나도 슬그머니 꽃이 되어 본다 " –「수빈이 꽃」

예를 든 작품들의 시심이 예쁘다.

당선작으로 뽑은 「콩 타작」「그리운 이름」「고향 첫눈」은 동시라고 하여도 좋겠다. 향토색이 물씬 풍겨 정겨웁다. 고향 시골 마을이 그림처럼 펼쳐진다. 소박하고 순수하다.

한국 문단에는 자유시와 동시를 함께 쓰는 시인들이 많다. 자유시와 동시는 언어 표현만 조금 다르지 시심은 같다. 앞으로 동시를 쓰는 마음으로 자유시 창작에 주력하기를 권유한다.}

이숙아 시인이 2018년 《문예비전》 겨울호(110호)로 등단했을 때의 '추천의 글'이다.

아동문학은 아동을 독자로 하는 문학으로 내용면이나 형식면에서 아동에게 읽히는 문학이요 아동이 읽어야할 문학이다. 그러나 성인도 영원한 영혼의 고향인 동심의 세계를 잊을 수 없기 때문에 아동만이 독자는 아니다. 그러므로 아동문학의 독자는 협의로는 아동이나, 광의로는 동심적 성인도 포함된다.

아동문학의 소재는 문학의 소재가 일체의 삼라만상이듯, 아동문학의 소재도 무엇이든 가능하다. 소재 자체가 성인문학과 다른 것이 아니라 소재를 처리하는 방법, 곧 소재를 바라보는 동심적 눈이 다를 뿐이다. "자유시와 동시는 언어 표현만 조금 다르지 시심은 같다. 앞으로 동시를 쓰는 마음으로 자유시 창작에 주력하기를 권유한다"고 추천한 이유다.

앞마당에서
도리깨질로
콩 타작하시는
아버지의 손

키질하며
쭉정이 날리는
엄마의 머리 수건에
검불이 수북하다

여기저기 흩어진
노란 콩알들 주워 담고
마당 귀퉁이 돌면

울타리 아래
자리 잡은
장독대가 평화로운데

된장 고추장 담긴
항아리 주변에
붉게 핀 맨드라미

가을볕에 눈부시다

붉은 해
커다랗게
앞산 넘어 갈 즈음
피어오르는 굴뚝 연기

콩 타작 끝낸 식구들
오순도순 둘러 앉아
꿀보다 맛있는 밥을 먹는다.

–「콩 타작」 전문

엄마는
소쿠리와 채반
머리에 가득 이고
자식들 가슴에 담았을까

책가방 든
딸의 옷깃 만져주고서
아버지는
저만치 앞서서 성큼성큼 걸어 가셨다

재 넘어 산기슭에서
산죽 베어 한 짐 짊어지고 오신
아버지가 낫질로 가늘게
한올한올 엮어 만든
소쿠리와 채반

예쁜 소쿠리 팔러
담양장에 다니셨던
울 엄마는
금촌댁 오복례

나이 들수록
더욱 보고 싶다.

– 「그리운 이름」 전문

엄마가 깨우는 소리에
아침이 열렸다
하얗게 하얗게

장독대, 울타리

지붕 위, 넓은 마당
대숲에도 살포시 얹혀 있는 첫눈

동생도
강아지도
눈 비비며 깨어난 아침

고요하게 맑은 영혼이 되었다가
마음 설레는
어릴 적
고향 첫눈은
언제나 간밤에 내렸다.

–「고향 첫눈」 전문

「콩 타작」「그리운 이름」「고향 첫눈」 등 3편으로 문단에 등단한지 1년 만에 첫 시집을 발간하는 것은 그동안의 왕성한 시작활동을 증명하는 것이어서 기쁜 일이다. 시집을 『그리운 이름』으로 한 것도 좋다. '어머니'는 이 세상에서 가장 그리운 이름이다.

2. 담양, 詩의 고향이 되었다

'고향'은 누구에게나 다정함과 그리움이라는 정감을 준다. 고향은 곧 어머니의 품속과 같은 아늑함을 준다. 고향은 고향집. 고향마을, 고향산천 고향사람들로 나타난다. 시골의 정든 모습이 보인다.

고향을 노래한 시 가운데 만향(晩鄕)의 「고향 그리워」, 윤석중의 「고향 땅」, 현제명의 「고향생각」, 이원수의 「고향의 봄」 등이 유명하다. 이들의 시 · 동요는 이흥렬(고향 그리워), 한용희(고향땅), 현제명(고향생각), 홍난파(고향의 봄) 등이 작곡하여 국민 가곡, 국민동요로 애창되고 있다.

이숙아 시인의 고향은 전남 담양군 용면 와산리라는 농촌 마을이다. '담양'은 대나무가 많은 고장으로 대쪽 같은 선비정신을 자랑으로 삼는, 옛 모습을 많이 간직한 곳이다.

용면은 1976년 담양호 조성으로 도림리 용연리 월계리 일부와 산성리 청흥리가 완전 수몰되어 현재 8개리 15개 마을로 구성되어 있다. 추월산과 담양호가 산자수려한 관광지 구실을 한다. 이숙아 시인이 용면에서 고등학교를 다닐 때까지 살았으니 수시로 고향 풍경이 눈앞에 삼삼할 터이다. 고향을 생각하는 추억을, 유년시절을 詩로 사진처럼 펼쳐 놓았다.

아버지의 할아버지 묘지에
노오란 국화가 향기롭다

훤히 내려다보이는
동네를 다 담은 호수에
수몰되어 떠난 사람들
이승을 떠난 사람들의 그리움이
묵묵히 담겨 있다

조용한 호수에
눈부시게 내려앉는
가을 햇살
젊은 조카들과 아들에게 비추인다

언제 담양호가 생긴 거지?
초딩일 때
누룽지 얻으러
친구들과 먼지 나는 길을
수없이 갔었는데

호수에 지나간 일들이 비추이고
대숲 사이로
가을바람이 불어온다

그리운 나의 고향에는
엄마가
아빠가
아버지의 할아버지 냄새가 묻어 있다.

—「고향」 전문

용면 초등학교는 / 할아버지가 누워 계신 모습을 가진 / 추월산 자락 아래 있다 // 대장질 하던 주호 / 예뻤던 연자 / 놀이 멤버 옥경이 / 착한 삼만리 가시내들 / 울 동네 민식이와 준규, 순옥, 현숙이 / 깔깔깔 웃음소리 들려온다 // 늙은 벚나무 / 꽃비 내려 축복하고 / 분홍 진달래 피어난 산자락은 놀이동산 / 호미 들어 잡초 뽑고 / 개울가 소풍 다녀 오고 봄이 오갔다 // 널따란 빵 / 할머니 드린다고 가방에 담아가면 / 도림리 머시매들 빼앗아 달아나고 / 뙤약볕 / 거머리 막대기에 올려

승현이 별은 빠방
태이 별은 경찰차

환한 웃음 꺼내 놓으며
사랑 싣고 부릉부릉

꿈을 실은 해랑별이 달린다

–「해랑의 별」 전문

연후는 떼쟁이

신발 들고 엥
쪽쪽이 들고 엥
기저귀 들고 엥

연후는 떼쟁이

–「한 살 연후」 전문

천사구름이 여행하면서
선물을 주고 간다

맛있는 솜사탕과
예쁜 공주님들,
하얀 나비들 모여
나풀나풀 춤추며
무도회가 열린다

천사구름은 지금도
선물 가득 담아 여행을 떠난다.

-「구름」 전문

공주 드레스를 입은
예진이 생일날

초승달 눈으로
태이가
와 이쁘다, 와 이쁘다

예진이도
입을 다물지 못하고
싱글벙글

이렇게 말해 주는 거다
이렇게 보여 주는 거다.

—「어여쁜 동생」 전문

아이들과 산책하다가
어머나
진달래가 졌네

다섯 살 아이가 하는 말
큰소리로
와!
개나리가 이겼다

봄 이야기 하다가
함께 봄이 되어 웃었다.

—「아이가 하는 말」 전문

이숙아 시인의 동심은 서정으로 이어져 좋은 서정시가 많다. 서정은 詩의 본질이지만 동심과 하나가 될 때 더욱 아름답다.

산딸기 익어가는
초록들의 숲에 들어서면
잔잔한 바람이 불어옵니다

소나무 잣나무 사이로
온갖 나무들 끝없이 이어지고
숲이 들려주는 소리 들으면
세상의 욕심 훌훌
걷는 발걸음 가벼워집니다.

싱그런 숲길에서
나뭇가지 주워
넉넉해진 마음소리 그리면
숲이 따뜻함으로 흔들립니다.

–「숲길」 전문

겨울눈
그치고
비가 내렸다

매화 나뭇가지 끝에
봄이
대롱대롱 달렸다

나뭇가지 끝에
달려 있는
영롱한
봄을 보았다.

–「창밖 풍경」 전문

이숙아 시인은 독실한 크리스천이다. 작품 곳곳에 기독교 사상이 스며 있다. 어린이의 마음으로 '하나님'을 찬양한다.

하나님 부르심에 달려가
찬양을 드려요

하나님 부르심에 달려가니
은혜로 채우네요

하나님 사랑으로 달려가면

희망을 선물 받아요

평강은 덤이지요

—「희망」 전문

사랑 받고 자란
예쁜 이숙아

하나님의 은혜로
두 아들
준혁이와 준희를 만나고

삶의 많은 시간을
아이들과 함께 꿈꾸며
이웃과 어울리며
행복하게 삽니다.

—「행복」 전문

짹짹
새들의 속삭임은

하나님이 들려주는 희망의 노래

창문을 열면 햇살 눈부시고
가시면류관으로 은총 받은 나
어떤 시로 찬양 드릴까

확 트인 수리산 자락에
주님 십자가 사랑 그려 넣고
부활절 아침을 연다.

–「부활의 아침」 전문

이숙아 시인의 시작품들은 생활 그대로, 성격 그대로 싱그럽다. 동심이 샘솟고 서정이 풀처럼 꽃처럼 피어난다. 신앙심이 돈독하다. “하나님의 은혜로 / 두 아들 / 준혁이와 준희를 만”났다는 「행복」과 「부활의 아침」은 이숙아 시인의 평소 생활을 그대로 보여준다.

새들의 속삭임을 “하나님이 들려주는 희망의 노래”로 듣는다. 창문을 열면 어찌 햇살이 눈부시지 않겠는가. “가시면류관으로 은총 받”고 “어떤 시로 찬양 드릴까”하고 사유한다. 운명적으로 시인의 길을 걷고 있는 것이다.

시인의 첫 시집은 본격적인 문학의 길로 들어서는 엄숙한 「선언」이다. 순박한 동심과 향수, 그리고 서정이 향기로운 『그리운 이름』이 부활의 아침을 여는 축복이기를 기도한다.